NOUVELLE
REVUE HISTORIQUE

DE

DROIT FRANÇAIS ET ÉTRANGER

PUBLIÉE SOUS LA DIRECTION DE MM.

R. DARESTE
Membre de l'Institut,
Conseiller honoraire
à la Cour de cassation

A. ESMEIN
Membre de l'Institut,
Professeur
à la Faculté de droit de Paris,
Président de section à l'École
pratique des Hautes Études

G. APPERT
Docteur en droit

J. TARDIF
Docteur en droit,
Archiviste-Paléographe

M. PROU
Professeur
à l'École des Chartes.

P. DARESTE
Docteur en droit

SECRÉTAIRE DE LA RÉDACTION
Félix SENN
Professeur agrégé à la Faculté de droit de Nancy

PRIX DE L'ABONNEMENT ANNUEL

Pour la France...................... 18 fr.
Pour l'Étranger................... 19 fr.

F. Desserteaux. — *Études sur la formation historique de la capitis deminutio* : I. Ancienneté respective des cas et des sources de la *capitis deminutio*.

Par L. MICHON

LIBRAIRIE

DE LA SOCIÉTÉ DU RECUEIL J.-B. SIREY ET DU JOURNAL DU PALAIS
Ancienne Maison L. LAROSE & FORCEL
22, rue Soufflot, PARIS, 5ᵉ arr.

L. LAROSE & L. TENIN, Directeurs

F. Desserteaux. — *Études sur la formation historique de la capitis deminutio; I. Ancienneté respective des cas et des sources de la capitis deminutio.* — Dijon, 1909.

Dans son étude sur les effets de l'adrogation, parue en 1892, M. Desserteaux avait été amené à toucher à la *capitis deminutio*, puisque c'est à elle que les textes de l'époque classique rattachent les effets extinctifs de l'adrogation. Après avoir établi que l'adrogation primitive portait, en elle-même et indépendamment de toute *capitis deminutio*, un principe de rétroactivité, qui suffit à régler ses effets avec une perfection que la *capitis deminutio* ne comporte pas toujours, il avait indiqué brièvement son sentiment sur les rapports entre ce principe de rétroactivité propre à l'adrogation et la *capitis deminutio,* qui s'y trouve introduite à l'époque classique. A titre de conclusion provisoire sur ce point, qui n'était qu'un à côté de son étude, il s'était rallié à la théorie alors dominante, attribuant à la *capitis deminutio minima* une ancienneté bien plus grande qu'aux deux autres. Et, tout en se promettant d'étudier de plus près la *capitis deminutio*, il donnait à entendre que l'adrogation, avec sa fiction de rétroactivité, aurait bien pu être le point de départ de toute la théorie de la *capitis deminutio* (1).

M. Desserteaux avait d'ailleurs implicitement contracté l'obligation de reprendre la question de la *capitis deminutio*, en ne laissant pas cette question entière. Il avait en effet sérieu-

---

(1) Desserteaux, *Étude sur les effets de l'adrogat.*, §§ 62 et suiv., §§ 82 et suiv., § 117. Cette hypothèse avait d'ailleurs soulevé des objections de la part de M. Audibert (*N. R. H.*, 1893, p. 372 et s.), dont la principale était tirée du texte de Paul (D. 4, 5, *de c. m.*, 3, § 1) où la *c. d.* de l'émancipé est rattachée aux mancipations successives par lesquelles il a dû passer pour devenir *sui juris*.

sement ébranlé la conception si répandue aujourd'hui de la *capitis deminutio*, phénomène uniforme, d'effets extinctifs toujours absolus, sorte de mort civile suivie ou non d'une résurrection plus ou moins complète, sans la remplacer autrement que par une hypothèse provisoire (1).

M. Desserteaux vient de s'acquitter magnifiquement, en nous donnant un premier volume, qui sera bientôt suivi d'un second sur la formation historique de la *c. d.* Il y fait une nouvelle application de la méthode d'investigation historique qui lui avait si bien réussi dans son étude sur l'adrogation. Cette méthode comporte deux phases : d'abord la régression, c'est-à-dire la recherche des éléments, en remontant dans le passé, du connu à l'inconnu ; prendre ici comme point de départ les données fournies par Gaius, le plus ancien jurisconsulte qui nous présente la théorie classique des trois *c. d.*, et remonter le plus haut possible en passant par Cicéron, pour arriver à saisir le point de départ de l'institution ; fixer ainsi des jalons dans l'évolution historique de la *c. d.*, en établir en quelque sorte la charpente, le squelette. Puis, après la régression, la progression : refaire en sens inverse le chemin parcouru, en se servant des points de repère déjà acquis, recouvrir de chair le squelette, et faire revivre l'institution dans toutes les phases de son histoire. Ce premier volume de M. Desserteaux est consacré à la régression : le second nous présentera la progression. Et cette méthode n'expose pas à des répétitions inutiles ; il est facile de comprendre que dans la phase régressive, de recherche des éléments, c'est la détermination des cas de *c. d.*, de leur ancienneté respective qui entre surtout en considération, tandis que dans la phase progressive de reconstitution complète c'est l'étude approfondie des effets de la *c. d.* qui passera au premier plan.

Cette méthode d'une si haute prudence était particulièrement nécessaire ici, pour éviter l'écueil contre lequel se sont heurtés les esprits éminents que cette question a déjà sollicités. Il fallait l'aborder en se gardant d'une idée préconçue consistant à

---

(1) *Op. cit.*, §§ 85 et suiv. Ainsi s'explique-t-on que jusqu'ici, en face d'une démonstration en quelque sorte négative, les manuels classiques de droit romain aient continué à définir la *c. d.* par l'idée commode de la mort civile (Girard, *Manuel*[4], p. 190, 191).

voir dans la *c. d.* une institution fondée dès son origine sur un principe constant que l'évolution historique n'aurait pas modifié. Ici plus qu'ailleurs, il fallait se laisser en quelque sorte porter par les faits, et accepter d'avance l'idée très probable que la *c. d.* a dû, comme presque toutes les institutions romaines, se constituer progressivement par des apports successifs, et subir, au cours du temps, des changements dans son principe même. Il était plus indispensable encore, en face d'une institution qui n'a plus d'analogue dans le droit actuel, de n'y point chercher un principe théorique de nature moderne, une idée de mort civile, de déchéance d'état, d'incompatibilité, idées trop subtiles pour avoir pu appartenir au droit romain primitif. De là est venu l'insuccès des recherches antérieures. En constatant l'insuffisance de ces soi-disant principes, sans vouloir y renoncer, on a abouti à des amendements, à des complications artificielles, au milieu desquelles le droit romain devient méconnaissable. Tel Eisele surchargeant les théories de Savigny et de Cohn, et s'épuisant à cumuler et à concilier le principe de déchéance d'état avec celui d'incompatibilité.

Seule une régression historique sévèrement conduite pouvait donner à une étude sur la *c. d.* la flexibilité nécessaire pour en saisir les données changeantes. M. Desserteaux, qui a eu le sentiment très vif de cette nécessité, a appliqué cette méthode indispensable avec une supériorité qu'explique son intelligence profonde et toujours claire de l'histoire du droit romain. A mesure qu'il poursuit sa marche régressive, les éléments d'information se font naturellement plus rares et plus ténus; rien n'égale l'ingéniosité et la patience avec lesquelles il les assemble, pour en faire gerbe en quelque sorte, et en former un ensemble cohérent de présomptions et de vraisemblances, dont la valeur égale et parfois surpasse celle d'une preuve positive.

Gaius (I, 159 s.) étant pris comme point de départ, M. Desserteaux commence par l'étude régressive de la *c. d. minima*. D'après Gaius (I, 162), il y a *c. d. minima*, toutes les fois qu'il y a *mutatio status*, ou plutôt *mutatio familiæ*, suivant les termes plus précis employés postérieurement par Paul (D., 4, 5, *d. c. m.*, 11). La *c. d. minima* a donc lieu indistinctement en cas d'adrogation, de *conventio in manum*, d'adoption, d'émancipation et de *mancipium* (et ce dernier terme doit s'entendre non seulement de l'entrée *in mancipium*, mais encore du transfert et de l'affranchissement du *mancipium*, argt. G. I, 162 *in fine*).

Si l'on remonte à l'époque de Cicéron, on constate au contraire que la *c. d.* (alors non qualifiée de *minima*) n'est pas attachée à toute *mutatio familiae*, qu'elle ne résulte que de l'entrée *in mancipium*, que par suite l'adrogation et la *conventio in manum*, qui ne comportent pas de passage par le *mancipium*, n'emportent pas *c. d.* De cette évolution, M. D. donne deux preuves vraiment frappantes. La première est tirée de la célèbre définition des *gentiles*, attribuée par Cicéron à Mucius Scaevola, et rapportée par lui, comme un modèle de définition par cercles concentriques, dans les Topiques, 6, 29. On connaît cette définition d'après laquelle les *gentiles* sont des personnes ayant même nom, nées d'ingénus (ce qui exclut parmi les personnes de même nom les affranchis et fils d'affranchis), dont aucun ancêtre n'a été en servitude (d'où exclusion des descendants d'affranchis, bien qu'ils soient eux-mêmes ingénus), enfin qui n'ont pas subi de *c. d.* Or si l'on entend cette dernière condition en suivant la notion donnée par Gaius, on arrive à cette conséquence, c'est que l'adrogé par rapport à l'adrogeant et la femme *in manu* par rapport à son mari ne devraient pas être des *gentiles*, parce qu'ils seraient *capite minuti*, conséquence inadmissible puisque l'adrogation et la *manus* ont eu pour but principal aux temps primitifs la continuation de la *gens*. On est donc obligé, lorsqu'on n'admet pas de différence entre la *c. d. minima* du temps de Gaius et celle du temps de Cicéron, de corriger ou de récuser en partie cette définition que Cicéron présente comme un modèle. M. D. est le premier, le seul qui analyse cette définition en l'acceptant intégralement telle qu'elle est. La quatrième condition ne vise ni l'adrogé, ni la femme *in manu*, parce qu'au temps de Cicéron, n'ayant pas passé par l'*imaginaria servitus* du *mancipium*, ils ne sont pas *capite minuti*; ces personnes sont bien *gentiles* dans leur nouvelle famille. Cette condition exclut spécialement, comme étant *capite minuti*, ceux qui ont passé par le *mancipium* (enfants sortant d'un *mancipium* réel, adoptés, émancipés); ces personnes sont incapables pour l'avenir de faire partie d'une *gens*.

On pourrait, ce me semble, paraphraser ainsi la définition des Topiques, en conservant l'arrangement des idées, qui est une gradation : La gentilité, parenté aristocratique, ne comprend pas tous les agnats actuels ou passés (*qui eodem nomine sunt*) ; elle exclut tous les agnats qui ont une tare : les affranchis, les descendants d'affranchis d'une servitude véritable, et même les affranchis de cette demi-servitude, de cette *imaginaria servitus* qu'on appelle le *mancipium*.

Cette interprétation tout à fait neuve de la définition des Topiques, un des plus beaux passages du livre de M. D., qui en contient d'ailleurs beaucoup (§§ 20 et suiv.), se trouve encore confirmée par ses conséquences plus éloignées, par ses répercussions sur d'autres théories qu'elle vient fortifier ou éclairer très heureusement. Elle met d'abord en lumière une différence très nette entre la gentilité, parenté aristocratique et politique, et l'agnation, parenté purement civile. Elle ajoute un trait de plus à la portée de l'émancipation primitive, alors un véritable châtiment, une expulsion de la famille, tandis qu'elle devait devenir plus tard un avantage ; l'émancipé, ayant passé par le *mancipium*, est pour jamais un *egens*. Enfin, en donnant à l'adoption proprement dite une infériorité d'effets très visible par rapport à l'adrogation (l'adrogé est *gentilis* de l'adrogeant, l'adopté n'est pas *gentilis* de l'adoptant), elle s'harmonise parfaitement avec la différence de forme de ces deux actes ; l'adrogation implique le concours des *gentes* et des pontifes ; l'adoption est un acte privé, qui a l'allure d'un expédient. Dans son étude sur l'adrogation (§ 18), M. D. avait eu, pour ainsi dire, le pressentiment d'une infériorité d'effets de l'adoption, sans pouvoir alors la déterminer ; il peut avoir maintenant la satisfaction de voir son idée complétée et précisée.

La seconde preuve produite par M. D. est tirée de Gaius, I, 115 *a*, texte d'où il résulte qu'autrefois (*olim*) la femme faisant *coemptio* n'acquérait pas par cela seul le droit de tester ; il fallait qu'elle eût été *remancipata et manumissa*. Or, si l'on réfléchit que la capacité de tester est une question qui ne peut se poser pour la femme que si elle a un patrimoine, c'est-à-dire si elle est sortie de la *manus* et devenue *sui juris*, on doit conclure que la femme sortie de la *manus* sans avoir passé par le *mancipium*, par la mort de son mari par exemple, reste incapable de tester ; donc, la *coemptio* qu'elle a faite autrefois ne l'a pas frappée de *capitis diminutio ;* pour qu'elle soit *capite minuta* et qu'elle devienne capable de tester, il fallait autrefois qu'elle passât par le *mancipium* (1).

Donc, au temps de Cicéron, il n'y a *c. d. minima* que quand il y a passage par le *mancipium, mancipium* réel ou passager, plus précisément quand il y a entrée *in mancipium* (car alors le transfert et l'affranchissement du *mancipium*, n'étant que des cas de *mutatio familiae,* ne sont pas encore cas *de c. d.*). On s'explique ainsi clairement la discordance souvent signalée dans un texte de Paul (D., 4, 5, *de c. m.*, 3, *pr.*, et § 1), qui fonde la *c. d. minima* dans un cas sur la *mutatio familiae,* dans l'autre sur la *servilis causa :* la première décision est une application de la conception nouvelle, la seconde une réminiscence de l'ancienne.

Par là se trouvent aussi résolus très simplement les cas du *flamen dialis* et de la vestale. D'après Aulu-Gelle (*Nuits att.*, I, 12, 9 et 18), Labéon disait formellement que la vestale sortait de la puissance paternelle, et par conséquent de la famille, sans *c. d.* Ce cas était une énigme insoluble, avec la *c. d.* résultant de toute *mutatio familiae.* Avec la théorie de M. D., l'explication est toute simple : il n'y a pas *c. d.*, parce qu'il n'y a pas entrée *in mancipium ;* quand la *c. d.* a été, après Cicéron, attachée à toute *mutatio familiae,* ces deux cas, qui appartiennent au droit primitif, avaient disparu. Tous les commentaires dont on les avait entourés deviennent inutiles, et c'est encore,

(1) M. D. pense que cet « *olim* » de Gaius fait allusion à l'époque de Cicéron, et il trouve une correspondance entre le passage de Gaius et cette phrase des Topiques, 4 : « *Si ea mulier testamentum fecit, quae se capite nunquam deminuit, non videtur ex edicto praetoris secundum eas tabulas possessio dari* ». Il résulte bien de ce texte que pour tester la femme doit être *capite minuta.* Mais il n'en résulte pas que la femme ne soit pas *capite minuta*, malgré une *coemptio* antérieure. Rien ne nous dit que la femme dont parle Cicéron ait fait *coemptio* en se mariant ; elle a pu se marier sans *manus* ; le cas était déjà très fréquent de son temps, et c'est Cicéron lui-même qui nous dit un peu plus haut (Top., 3, 14) que la femme mariée avec *manus* porte dans l'usage le nom de *materfamilias.* Ici il emploie le terme vague de *mulier.* La portée du texte me semble donc douteuse, mais la preuve cherchée par M. D. pour le temps de Cicéron résultant déjà de la définition des *gentiles,* sa théorie subsiste intégralement.

pour moi, une preuve que M. D. est dans le vrai, puisqu'ici s'applique merveilleusement cette loi bien connue d'après laquelle toute science se simplifie en progressant.

Cette démonstration de l'évolution historique subie par la *c. d. minima,* entre Cicéron et Gaius, me semble tout à fait convaincante et destinée à devenir classique. Elle est conduite avec une finesse d'argumentation, qui ne tombe jamais dans la subtilité. Un des passages où se manifeste le mieux la sûre dialectique de M. D. est celui où il se propose d'expliquer la légère imprécision de l'énoncé donné par Gaius (I, 162) des cas de *c. d. minima.* Gaius parle de « *his qui adoptantur* », terme qui doit comprendre à la fois les adrogés et les adoptés, et qui, en ce qui concerne ces derniers, fait double emploi avec « *his qui mancipio dantur* ». M. D. (§ 16) explique habilement cette petite dissonance par un certain flottement dans l'esprit de Gaius entre la conception nouvelle de l'adoption considérée comme un ensemble, comme un acte unique, et la conception ancienne, qui voit dans les mancipations la composant autant d'actes juridiques distincts. Cette explication est fort joliment menée, d'une très fine psychologie, et très supérieure à celles qu'on a tentées antérieurement.

De l'étude de la *c. d. minima,* M. D. passe à celle des *c. d. majores,* qui, d'après lui, existaient elles aussi, mais à l'état confus, au temps de Cicéron, et avant lui. La *c. d. minima* n'a pas été, comme beaucoup de romanistes le croient actuellement, la *c. d.* originairement unique. Il semble bien que déjà dans le droit primitif, antérieur à Cicéron, la *c. d.* eût lieu également en dehors de la *familia,* dans la sphère de la *civitas libertasque* (1). De l'édit du préteur, spécial à la *c. d. minima,* accordant aux créanciers du *minutus* une action fictice basée sur la rescision de la *c. d.,* on ne peut déduire que la *c. d.*

----

(1) §§ 31 à 43 ; cfr. §§ 149, 150. — On voit par là que M. D. a abandonné la théorie de la *c. d. minima* antérieure à toutes les autres *c. d.,* idée qu'il n'avait d'ailleurs adoptée dans son étude sur l'adrogation que sur la foi d'autrui et sous réserve d'examen ultérieur. D'où il résulte que l'effet rétroactif particulier à l'adrogation n'est pas le prototype de la *c. d.* ; les deux institutions sont restées indépendantes jusqu'à l'époque, postérieure à Cicéron, mais antérieure à Gaius, où la *c. d. minima* a été attachée à toute *mutatio familiae* et a ainsi englobé l'adrogation.

minima existât seule à l'époque de l'apparition de cet édit (probablement entre Cicéron et Labéon). Cette conséquence ne résulte pas davantage d'un rapprochement entre cette action fictice et l'action utile donnée en cas de *c. d. major* contre ceux *ad quos bona pervenerunt*. En outre, les quelques textes littéraires qui, parlant d'événements antérieurs à Cicéron, mentionnent la *c. d.*, la font intervenir à propos de citoyens romains faits prisonniers, et ne peuvent s'expliquer facilement qu'en admettant la coïncidence à ces époques anciennes de la *c. d.* avec la perte de la *civitas libertasque* (1).

On peut donc tenter pour les *c. d. majores* là même recherche que pour la *minima*, c'est-à-dire essayer une régression historique de Gaius à Cicéron. La recherche était ici plus difficile, de résultats plus incertains, et bien que M. D. ait ingénieusement tiré parti des moindres indices, il n'est point sûr que relativement à certains détails, ses conclusions ne soulèvent quelques objections. Poussé par la nature même de son esprit à des conceptions très précises, il incline vers des solutions restrictives ; il est porté à restreindre la notion de la *c. d. maxima* et *media*, et cette tendance se manifeste à un double point de vue.

M. D. admet d'abord qu'au temps de Gaius et à plus forte raison avant lui, les *c. d. majores* ne peuvent s'appliquer qu'à des citoyens romains, qu'il n'y a *c. d. maxima* que quand un citoyen devient esclave, *c. d. media* que lorsqu'un citoyen romain perd le droit de cité, et il ne peut le perdre à l'époque de Gaius qu'en vertu d'une peine capitale ; car depuis l'Empire, le droit de cité romaine est compatible avec le *jus originis* de toutes les cités provinciales. Quand un pérégrin tombe en esclavage ou devient citoyen romain, il n'y a pas *c. d.* M. D. a pour lui le langage de Gaius, ce qui est un argument considérable (2). On peut encore, me semble-t-il, faire valoir dans le même sens

(1) §§ 44 à 48. — Il y a trois textes de ce genre : Tite-Live, XXII, 60 à propos de soldats romains pris par les Carthaginois ; César (*de bell. civ.* II, 32) au sujet de Domitius, lieutenant de Pompée, qui a été fait prisonnier par lui ; Horace (*Odes*, III, 5, 41) à propos de Regulus, captif des Carthaginois, venant à Rome comme leur envoyé et par conséquent sans bénéficier du *postliminium.*

(2) G. I, 160 « *maxima est c. d. cum aliquis simul et civitatem et libertatem amittit* ». I, 161 « *media est c. d. cum civitas amittitur* » et non pas « *mutatur* ».

une présomption tirée de l'équité prétorienne. Si la *c. d. media*
n'a pas été limitée au cas d'*amissio civitatis romanae* encourue
à titre de peine et accompagnée de la confiscation des biens,
si elle s'est appliquée à l'hypothèse d'un prérégrin devenant
citoyen et gardant ses biens, on comprend difficilement que le
préteur, ce ministre d'équité, n'ait donné à ses anciens créanciers que l'action utile accordée contre ceux qui recueillent les
biens d'autrui, *ad quos bona pervenerunt*, et qu'il n'ait pas
soumis à l'action fictice, *rescisa capitis deminutione*, ce débiteur
qui garde ses biens, alors qu'il donne cette action, dans tous les
cas de *c. d. minima*, contre des *alieni juris* qui ont perdu leur
patrimoine (1). Si le préteur n'a pas réalisé cette extension si
équitable, c'est que la *mutatio civitatis* d'un prérégrin devenant citoyen romain n'est pas un cas de *c. d. media*.

Mais les raisons en sens contraire sont aussi très sérieuses.
Il n'est pas sûr que Gaius n'ait pas employé des tournures tra-
ditionnelles remontant à l'époque ancienne, alors que la *civitas*
et la *libertas* étaient inséparables et que la *c. d. media* n'était
pas distinguée de la *maxima*. Nous avons déjà constaté une
réminiscence de ce genre dans son énumération des cas de *c. d.
minima*. Et alors l'interprétation littérale des termes employés
par lui perd sa force probante. D'autre part, la lettre de Pline
le Jeune (X, 6) à l'empereur Trajan, et la loi de Salpensa, c. 22
et 23, concordent pour attester que l'accession d'un prérégrin
ou d'un Latin à la cité romaine est accompagnée de certaines
déchéances, telles que l'extinction des anciens droits de famille
et des *jura patronatus*, déchéances qui sont précisément les
effets principaux de la *c. d.* Écarter cette objection en supposant
que les lois latines ou pérégrines devaient prononcer ces déchéances contre le pérégrin qui abdique sa nationalité, c'est
attribuer aux droits pérégrins une institution analogue à la *c. d.*,
hypothèse hasardeuse et peu vraisemblable. Enfin, si l'on n'admet
pas la *c. d.* pour les pérégrins devenant esclaves, on est amené
forcément, comme le fait **M. D.**, à repousser la restitution pro-

---

(1) Aussi Voigt, dont les hardiesses d'interprétation sont bien connues, pro-
pose-t-il (*Jus nat.*, § 98) d'étendre les règles de l'édit relatif à la *c. d. minima*
à tous les cas de *c. d. media* non accompagnés de perte de patrimoine pour
le *minutus*. Mais cette conjecture est inadmissible devant les termes for-
mels d'Ulp. D., 4, 5, *d. c. m.*, 2, pr.

posée par Mommsen de la lacune du § 160 de Gaius; ces inconnus qui deviennent esclaves pour avoir établi leur domicile à Rome « *contra eam legem* », ne peuvent être les déditices. Mais pour avoir le droit de rejeter cette reconstitution qui, matériellement et abstraction faite d'une légère divergence entre le « *morari* » de Gaius I, 27, et le « *domicilium habere* » de Gaius I, 160, s'adapte si bien au vide du manuscrit et aux fragments subsistants, il faudrait pouvoir la remplacer par une autre. Il est vraiment peu vraisemblable que ce cas inconnu, cité par Gaius dans son manuel, n'ait laissé aucune trace dans les textes contemporains ou postérieurs. Tant qu'on ne l'aura point découvert, la preuve contraire à la *c. d.* des déditices et par conséquent des pérégrins ne sera pas acquise (1).

A un second point de vue, M. D. présente des textes de Gaius une interprétation restrictive qui prête à la critique. Dans son désir très légitime de donner à sa régression historique un point de départ précis, il pose en principe que l'énumération donnée par Gaius des applications des trois *c. d.* est complète et limitative. Or, pour les cas de *c. d. minima*, on peut admettre avec une grande vraisemblance que la liste des cas présentés par Gaius est, sinon intentionnellement limitative, du moins complète en fait, et cela pour une double raison. La sphère de la *c. d. minima* étant tout entière dans l'intérieur de la *familia* romaine, toutes ses applications devaient être bien connues et très présentes à l'esprit des juristes romains. D'autre part, l'attention de Gaius devait être tout particulièrement sollicitée par les cas de *c. d. minima*, qui venait, sans doute peu de temps avant lui (2), de changer de *criterium* et

(1) On pourrait songer aux *relegati* non internés, c'est-à-dire aux citoyens condamnés au bannissement simple et qui sont frappés d'une interdiction de séjour, tout en restant citoyens (D., 48, 22, *de int. et releg.*, 14 et 19, pr.). Mais outre qu'on ne trouve pas de loi bien déterminée à laquelle pourraient faire allusion les mots existants du texte de Gaius, il semble bien établi que la sanction attachée à la rupture de ban, était, depuis Sylla, la mort, et non pas l'esclavage (Mommsen, *Droit pénal, trad. Duquesne*, t. III, p. 320), et plus tard, depuis Adrien, une simple aggravation de peine, c'est-à-dire la transformation de la relégation en déportation (*op. cit.*, p. 325).

(2) M. D. fixera sans doute avec plus de précision dans son second volume à quel moment exact de la période comprise entre Cicéron et Gaius, la *c. d. minima* a changé de *criterium*. Mais on peut déjà apercevoir que ce

de s'étendre à tous les cas de *mutatio familiae*. Mais les mêmes raisons n'existent pas pour les cas de *c. d. major*, et en considérant la liste de Gaius comme complète à leur sujet, M. D. me semble s'être engagé dans une voie difficile.

Tout d'abord, cette interprétation de Gaius provoque une réflexion, qui n'a sans doute rien de décisif, mais qui est pourtant singulière. Si les cas de *c. d. maxima* cités par Gaius, I, 160, sont les seuls existant de son temps, cette *c. d.* se réduit pratiquement à bien peu de chose : le cas de l'*incensus* qui existe encore en droit, mais qu'on n'applique plus en fait; celui du sénatusconsulte Claudien, qui n'est pas de nature à se réaliser bien souvent, qui est plutôt une menace qu'une règle ferme, et qui d'ailleurs, suivant l'interprétation de M. D. (§ 83), était plutôt un cas d'esclavage *jure praetorio*, résultant du refus de la *proclamatio in libertatem* (1); enfin, un dernier cas en lacune et qui ne devait pas être bien important, puisqu'on n'en trouve plus trace. La *c. d. maxima* aurait donc subi au temps de Gaius une véritable crise d'inanition, jusqu'à ce qu'après lui d'autres applications l'aient ressuscitée. Cela n'a rien d'impossible, c'est cependant un peu étrange.

Mais ce qui est plus grave, c'est que M. D. se trouve obligé, à cause de son idée initiale, ou de faire prématurément disparaître des cas anciens de servitude, parce qu'ils ne sont pas mentionnés par Gaius (Ex. : *infrequens*, § 54, *in fine*), ou de retarder l'apparition de cas nouveaux de servitude, pour les placer à une époque postérieure à Gaius, ou pour les faire, au pis aller, coïncider d'une façon quelque peu artificielle avec l'époque de Gaius. Ici la préoccupation est visible; en voici des exemples. Si la *servitus poenae*, résultant d'une condamnation capitale, que Gaius connaît bien et mentionne dans un com-

changement ne s'est produit que postérieurement à Labéon (arg. de son opinion sur la vestale), et d'autre part on peut présumer qu'au temps de Gaius, la *mutatio familiae* était encore bien récente comme base de la *c. d. minima*, puisqu'il n'applique pas cette *c. d.* aux enfants de l'adrogé, application qui n'apparaît que dans un texte de Paul (D., 4, 5, *d. c. m.*, 3, pr.).

(1) S'il en est ainsi, Gaius n'aurait pas dû citer ce cas, par la même raison qui lui a fait omettre un cas analogue, celui du majeur de vingt ans qui s'est fait vendre frauduleusement comme esclave. Ce qui prouve encore que la doctrine de Gaius n'est pas très précise sur les cas de *c. d. major*.

mentaire sur la loi Papia Poppœa (D., 48, 19, *De poen.*, 29), n'est pas citée par lui dans le § 160, c'est, dit M. D., ou bien parce qu'elle se trouvait dans le passage en lacune (hypothèse peu probable, vu la brièveté de cette lacune et les mots *ex lege* qui se trouvent au milieu), ou bien parce que cette application de la *c. d. maxima*, issue d'une jurisprudence dérivée de la loi Papia Poppœa, ne s'est développée que dans l'intervalle de temps compris entre la rédaction des Institutes de Gaius et la rédaction de son écrit sur la loi Papia Poppœa (§ 64). C'est une coïncidence suspecte, cherchée, et la jurisprudence que suppose M. D. semble avoir été bien lente; elle aurait mis plus d'un siècle à découvrir que la *servitus poenae*, établie par Tibère (1), entraîne *c. d. maxima*. Et pourtant, comme l'a très bien établi M. D., aux effets de la réduction en esclavage, la *c. d. maxima* n'ajoute rien; elle ne fait que les exprimer en deux mots.

On peut faire la même réflexion à propos du captif revenant à Rome sans jouir du *postliminium* (§§ 65 à 69). S'il encourt la *c. d. maxima* au temps d'Ulpien, alors que la fiction de la loi Cornelia *de captivis* a été généralisée par la jurisprudence, il est bien vraisemblable que telle était déjà la règle au temps de Gaius; autrement il faudrait admettre que la loi *Cornelia de captivis*, qui paraît très ancienne, antérieure à Cicéron (2), a mis plus de trois siècles à se généraliser; c'est un bien long temps pour une modification aussi simple. Et au sujet du captif, il y a une objection encore plus grave; c'est de lui que parlent les trois textes littéraires dont il a été question plus haut, et sur lesquels M. D. s'appuie pour établir que la *c. d. maxima* existait avant l'époque de Cicéron. Or, quoi qu'on puisse dire, il y a un certain illogisme à faire état de ces textes pour en tirer la preuve de l'ancienneté de la *c. d. maxima*, et à leur refuser toute créance quant à l'application de cette *c. d.*

Enfin pour admettre que l'*interdictio aqua et igni* est le seul cas de *c. d. media* au temps de Gaius, suivant les termes de ses *Inst.*, I, 161, il faut refuser cet effet à la déportation (§ 70),

(1) Mommsen, *op. cit.*, III, p. 290.
(2) Girard, *Manuel*[4], p. 806.

conséquence difficile à accepter, s'il est vrai que la déportation ait fonctionné dès le commencement de l'Empire, comme peine principale emportant *amissio civitatis*. Ici encore, alors que la notion de la *c. d. media* est dégagée assez longtemps avant Gaius, il faudra descendre au delà de ce jurisconsulte et attendre plus d'un siècle pour découvrir qu'une peine privative de la cité emporte *c. d. media*. C'est vraiment trop de lenteur!

Je ne puis donc pas, pour ces raisons et pour d'autres analogues qu'il serait facile de dégager à propos d'autres cas de *c. d.*, admettre que Gaius puisse fournir au sujet des *c. d. majores* la base solide que M. D. a voulu trouver, et il en résulte que je ne puis m'associer à sa manière de présenter l'évolution de bien des cas de *c. d.*, qui me paraît avoir ralenti, retardé la marche réelle des faits. Mais je me retrouve avec plaisir tout à fait d'accord avec M. D. sur l'évolution générale de la *c. d. maxima* et *media*, dont on peut résumer ainsi les traits principaux.

La *c. d. media* n'existe pas encore au temps de Cicéron; elle ne s'est dégagée qu'au commencement de l'Empire, lorsque l'*interdictio aqua* et *igni* est devenue une peine privative de la cité, probablement à la suite d'une jurisprudence dérivée des lois caducaires (§§ 57 à 60, 64 *b*.). Elle n'a lieu (pour les citoyens romains du moins)(1) que lorsqu'ils sont privés de la cité à titre de peine, le droit de cité pérégrine étant alors compatible avec le droit de cité romaine. Quant à ce qu'étaient les cas de *mutatio civitatis* volontaires avant l'Empire, avant l'apparition de la *c. d. media*, M. D. les met absolument en dehors de la théorie de la *c. d.* (§§ 71 et suiv.), ce qui est très acceptable et conciliable même avec ce que dit Gaius I, 131, sur la *deductio in coloniam latinam*. Ce qui n'empêche qu'on pourrait penser autrement sur ce point, et se représenter le cas de *mutatio civitatis* comme rentrant originairement dans la *c. d. maxima*; au temps où la *civitas* et la *libertas* étaient inséparables, on pouvait peut-être considérer le citoyen romain qui abdique sa nationalité comme ayant perdu la *civitas libertasque*, et cela avec d'autant plus de raison que lorsqu'il était *receptus in*

---

(1) Je fais cette réserve que n'admet pas M. D., parce qu'elle est nécessaire si l'on admet que la *c. d. media* peut frapper un pérégrin devenant citoyen.

aliam civitatem, il fallait bien le rayer du cens, ce qui l'assimilait à l'*incensus*. Mais ce n'est là qu'une hypothèse, qui n'a pas plus de preuve que celle que propose M. D., qui est plus aventureuse peut-être, et qu'il serait, dans l'état actuel des choses, téméraire de lui opposer.

Quant à la *c. d. maxima*, elle existe au temps de Cicéron, mais sans qualificatif. Les cas où elle s'applique peuvent, à peu près, se ramener tous à l'hypothèse de l'*incensus* qui est vendu *trans Tiberim* (notamment le cas du *fur manifestus*, du prisonnier pour dettes, §§ 61, 62), et la perte de la *civitas libertasque* par l'*incensus* qui nous apparaît comme le cas type de la *c. d. maxima* peut être, sans invraisemblance, considérée comme dépendant de l'établissement du cens, comme remontant par conséquent aux origines de Rome.

Donc au temps de Cicéron les cas d'application de la *c. d.*, alors non qualifiée, se ramènent à deux : l'entrée en servitude et l'entrée *in mancipium*; dans le premier cas un citoyen devient *servus*, dans le second cas, il est *loco servi*. Le simple énoncé de cette formule fait déjà entrevoir la possibilité d'arriver, en remontant plus haut que Cicéron, à une idée unitaire qui ait pu servir de point de départ à la *c. d.* C'est à cette tâche que s'applique M. D. dans la seconde partie de son ouvrage. Son argumentation met en lumière deux points essentiels.

1° Il démontre d'abord par une étude très attentive des différents sens du mot *libertas*, et par une étude comparative des textes d'époque différente parlant de *civitas* et de *libertas*, que dans le droit primitif, exclusivement national, il n'y a pas de condition intermédiaire entre l'absence de tout droit, l'état de servitude, et la *civitas romana*. Il n'y a pas de *libertas* simple, *sine civitate*, comme condition juridique reconnue ; il n'y a, en dehors de la servitude, que la *libertas ex jure Quiritium*, c'est-à-dire une *libertas* attachée à la *civitas*, comme une conséquence nécessaire. Et c'est pourquoi dans le droit primitif, toute privation de la *civitas* entraîne celle de la *libertas*; un pérégrin qui n'a pas de traité avec Rome, qui ne jouit pas d'une concession au moins partielle de la *civitas* n'est au fond qu'un esclave, ne pouvant d'ailleurs être réclamé par aucun maître. Et c'est pourquoi encore, dans le droit ancien on ne peut donner à un esclave la liberté sans lui conférer en même temps la cité ; c'est pourquoi aussi il n'y a pas alors d'action permettant de réclamer la seule liberté, ni avant la loi Papia (de 689) d'action ayant pour objet le seul droit de cité ; la *causa liberalis* de la procédure des *legis actiones* ne peut servir qu'à réclamer la *libertas ex jure Quiritium*, c'est-à-dire la *civitas libertasque*. Il faut admirer franchement la lumineuse explication proposée par M. D. d'un passage difficile de Cicéron (*pro Coecina*, 33, 34) (1), d'où il résulte qu'à l'époque de cet orateur, c'est à peine si les deux mots *libertas* et *civitas* commençaient à se séparer pour prendre des sens distincts ; toute l'argumentation du plaidoyer de Cicéron implique encore l'idée que la *libertas* est une conséquence inséparable de la *civitas*, ou plutôt qu'il n'y a entre elles qu'une différence de fait.

C'est pourquoi il ne pouvait exister alors de *c. d. media*, laquelle suppose la perte possible de la *civitas* seule, en gardant la *libertas*, et implique ainsi que la *libertas sine civitate* est une condition juridique. Pour en arriver là, il faudra l'influence grandissante du *jus gentium* (2), le dégagement spontané de certaines conditions intermédiaires entre la *civitas libertasque* et l'esclavage (affranchis latins et déditices, condamnés privés de la cité), pour que se dégage la condition de *libertas sine civitate*, et avec elle la notion de la *c. d. media*.

2° En remontant plus haut encore, à une époque où le *mancipium* était toujours sérieux et durable (avant les XII Tables et le dégagement du *mancipium* forme de l'adoption et de l'émancipation), on peut même arriver à apercevoir le point de départ de la *c. d.* en général, c'est-à-dire l'idée commune à la *c. d.* qui sera plus tard *maxima* et à celle qui deviendra *minima*. Cette idée unitaire et originaire de la *c. d.* est l'entrée en servitude, la perte de la *civitas libertasque*. On peut en effet trouver des traces assez nombreuses d'une identité ancienne de condition entre l'esclave véritable et l'enfant *in mancipio* (3). L'en-

(1) §§ 93 et suiv. Déjà parue en partie dans les *Mélanges Gérardin*.

(2) Le lecteur me saura gré de lui signaler sur le *jus gentium* trois pages d'anthologie (§ 104), si je puis ainsi parler, un tableau précis et original des caractères très positifs de ce *jus gentium*, tableau qui est un petit chef-d'œuvre, et nous repose des vagues banalités qu'on trouve trop souvent sur ce point dans les manuels.

(3) La démonstration très étendue (§§ 109 à 140) est poussée à fond et

fant *in mancipio* a été à l'origine un esclave dans le sens complet du mot, perdant la liberté, la cité et les droits de famille; la *mancipatio* de l'enfant a été à l'origine une vente en deçà du Tibre, dans l'intérieur du territoire de la confédération latine, vente possible au père tout comme la vente de l'enfant *trans Tiberim* et avec les mêmes effets.

On comprend alors que la *c. d.* se soit appliquée indistinctement au citoyen vendu comme esclave au delà du Tibre (il ne peut être vendu en deçà, par une règle de haute convenance), et à l'enfant vendu comme esclave soit au delà, soit en deçà du Tibre (à l'égard de celui-ci la restriction précédente n'existe pas). Cette formule réunit le cas de servitude et le cas de *mancipium*, et si elle est vraie, il s'ensuit que le point de départ unique de la *c. d.* a été l'entrée en servitude, la perte de la *civitas libertasque*. Si dans les temps anciens, l'expression *c. d.* existait déjà, elle était alors une formule, plutôt qu'une institution, une façon d'exprimer la situation de celui qui ayant perdu la *civitas libertasque* a perdu tous ses droits; elle n'ajoutait rien à cet effet, par lui-même absolu.

Mais au cours des temps une évolution historique restrictive de la *patria potestas* a séparé de plus en plus le *mancipium* de la servitude véritable, la situation de l'enfant *loco servi* de celle du *servus*, et cette séparation s'est dessinée principalement lorsqu'après les XII Tables, le *mancipium* a été employé à titre de forme passagère. Les enfants *in mancipio* ont gardé la liberté, la cité, sont restés ingénus, et ainsi s'est dégagée dans la réalité des choses, avant d'être distinguée dans le langage technique par le qualificatif de *minima*, une *c. d.* dont les effets ne touchent plus aux *jura publica*, ne dépassent plus le cadre du droit privé et de la *familia*. Si la déchéance du lien gentilice s'y retrouve encore, c'est parce que la *gens*, en complète décadence, n'avait plus de portée politique, quand cette évolution s'est produite. Gaius nous replace au milieu de cette évolution, déjà très avancée de son temps; on trouve encore chez lui, à l'état implicite, le principe ancien qui assimile l'enfant

très neuve par endroits. Il faut signaler tout particulièrement une étude tout à fait pénétrante et décisive sur les dettes de l'enfant *in mancipio* antérieures à son entrée *in mancipium*, et à ce sujet une analyse remarquable de Gaius, IV, 80, et d'Ulpien (D. 4, 5, *d. c. m.*, 2, § 2). V. §§ 122 à 125.

in mancipio à l'esclave, quand il n'y a pas exception formelle en sens contraire, et après lui se parachève ce mouvement historique qui éloigne de plus en plus l'enfant *in mancipio* de l'esclave.

Si je n'ai pas trahi la pensée de l'auteur, on doit pouvoir se rendre compte de ce qui est le point vraiment original et décisif de sa théorie. Sur les origines historiques de la *c. d.*, beaucoup d'auteurs avaient fait en quelque sorte aveu d'impuissance, en renonçant à établir son point de départ. Tels Savigny et Karlowa acceptant le fait invraisemblable d'une décomposition faite dès l'origine de la personnalité humaine en trois éléments, *libertas*, *civitas*, *familia*, et admettant l'égale ancienneté des trois *c. d.* Tels encore Mommsen et Pernice ramenant à deux les degrés de la *c. d.* primitive (*major* et *minor*), et s'arrêtant là. Alors s'était constituée toute une littérature pour essayer de ramener tous les cas de *c. d.* à un principe unique, celui de la *c. d. minima* (Cohn, Krueger, Eisele). Mais l'apparition tardive de la *c. d. maxima* devenait bien difficile à concevoir; il était bien étrange que le point de départ de la *c. d.* se soit trouvé dans la théorie accessoire du *mancipium*, qui met l'enfant simplement *loco servi*, et qui ne s'applique qu'aux *alieni-juris*, pour s'étendre ensuite aux citoyens devenus esclaves (Cfr. Desserteaux, §§ 148 et s.).

L'originalité très heureuse de M. D. consiste à avoir pu ramener la *c. d.* à une idée initiale unique, qui est l'entrée en servitude, la perte de la *civitas libertasque*, c'est-à-dire au principe de la *c. d. maxima*. Pour en arriver là, il fallait découvrir le trait d'union qui subordonne la *c. d. minima* à la *c. d. maxima*, ramener celle-là à celle-ci. La véritable découverte de M. D. a été précisément de prouver que la *c. d. minima*, avant d'être attachée à toute *mutatio familiæ*, n'est d'abord résultée que du *mancipium*, esclavage adouci et dégénéré. Ce qui l'a sans doute mis sur la voie de cette découverte, c'est son étude première sur les effets de l'adrogation. Cette étude lui a montré qu'à l'époque primitive, l'adrogation, acte qui s'accomplit sans passage par le *mancipium*, avait pu se passer complètement de la *c. d.*, et portait en elle-même un principe suffisant pour régler ses propres effets. Il a été ainsi conduit à penser que l'adrogation, et plus généralement les changements de famille qui s'opèrent sans passage par le *mancipium*, ont dû à une époque ancienne être indépendants de la *c. d. minima*, que par suite, celle-ci a dû primitivement être attachée au seul passage par le *mancipium*. Une partie importante de son second volume sera sans doute consacrée à nous montrer comment et dans quelle mesure les effets propres à l'adrogation se sont combinés avec ceux de la *c. d. minima*, lorsque celle-ci s'est étendue à toute *mutatio familiae*.

On peut attendre ce volume en toute confiance. Mais dès maintenant, on peut apprécier le résultat considérable obtenu par la continuité d'efforts et la réflexion concentrée sur un point spécial de ce romaniste éminent. Il y a dans l'ouvrage que je viens d'analyser trop brièvement à mon gré, et sans en pouvoir faire ressortir suffisamment le rare mérite, toute la supériorité que comporte une longue patience. Je crois fermement que l'idée essentielle découverte par M. D. résistera victorieusement à l'épreuve du temps et de la critique, et que son nom restera définitivement attaché au problème résolu par lui des origines historiques de la *c. d.* C'est un genre d'immortalité plus rare qu'on ne pense, et qui est la plus belle récompense que puisse atteindre un savant.

L. MICHON.

NOUVELLE
REVUE HISTORIQUE

DE

DROIT FRANÇAIS ET ÉTRANGER

PUBLIÉE SOUS LA DIRECTION DE MM.

Rodolphe DARESTE
Membre de l'Institut,
Conseiller honoraire à la Cour de Cassation.

Joseph TARDIF
Docteur en droit, Archiviste-Paléographe.

Adhémar ESMEIN
Membre de l'Institut,
Professeur à la Faculté de droit de Paris,
Président de section à l'École pratique
des Hautes-Études.

Maurice PROU
Professeur à l'Ecole des Chartes.

Georges APPERT
Docteur en droit, Secrétaire de la Rédaction.

Cette revue paraît tous les deux mois par livraisons de **10** feuilles environ et forme chaque année un beau volume in-**8°** de mille pages.

Les trente premiers volumes parus (1877 à 1906) avec les Tables de la *Revue de Législation* et de la *Nouvelle Revue historique* (1870-1885), 1 brochure... **250** fr.

Chaque volume se vend séparément : 15 fr. de 1877 à 1889 et 18 fr. de 1890 à 1900.

Les Tables seules... **3** fr.

PRIX DE L'ABONNEMENT ANNUEL :

Pour la FRANCE......... **18** fr. — Pour l'ÉTRANGER.......... **19** fr.

VIENT DE PARAITRE :   5ᵉ Année 1909

REVUE DE DROIT INTERNATIONAL PRIVÉ

ET DE

DROIT PÉNAL INTERNATIONAL

Fondée par **A. DARRAS**

Continuée par **A. de LAPRADELLE**

Professeur agrégé à la Faculté de droit de Paris, Associé de l'Institut de droit international

SOUS LE PATRONAGE DE MM.

A. LAINÉ
Professeur à la Faculté
de droit de Paris

A. WEISS
Professeur à la Faculté
de droit de Paris

A. PILLET
Professeur à la Faculté
de droit de Paris

DE BŒCK
Professeur à la Faculté
de droit de Bordeaux

E. AUDINET
Professeur à la Faculté
de droit d'Aix

E. BARTIN
Professeur à la Faculté
de droit de Paris

et avec la collaboration de jurisconsultes, magistrats et professeurs français et étrangers

Secrétaire de la rédaction : **P. GOULÉ**, Docteur en droit, ancien magistrat

Abonnement annuel :

France......... **20** francs. — Étranger.......... **22** fr. **50**

BAR-LE-DUC. — IMPRIMERIE CONTANT-LAGUERRE.

9 782019 992767